Flora Denis

WITCH MUM

MON CAHIER DE COACHING MAGIQUE

Secret d'étoiles

Sommaire

Introduction

LA SORCIÈRE D'AUJOURD'HUI

La sorcière est définie comme une femme forte, puissante et indépendante. Elle a conscience des forces qui l'entourent, ressent l'énergie de ce qui est invisible et sait faire le lien avec ce qui est visible. Elle a l'habitude de travailler avec les éléments (Terre, Air, Eau, Feu), en harmonie avec la nature et ses cycles, dont elle a la connaissance.

Il est toujours utile de rappeler qu'être sorcière implique une forme de responsabilité. Même si nos pratiques sont personnelles, nos demandes, nos intentions et notre comportement global impactent notre entourage. Il est donc primordial de pratiquer avec bienveillance et de ne pas œuvrer pour le malheur d'autrui.

La sorcière doit savoir, comprendre et bien identifier ce qu'elle fait et ce pour quoi elle œuvre. Elle se doit également d'être discrète auprès des personnes qui ne peuvent pas ou ne souhaitent pas comprendre le contenu de sa pratique et de ses croyances. Parfois, le secret est la plus grande protection que l'on puisse s'offrir... Pour autant, il n'est pas question de se cacher pour pratiquer. Ce qui est magique avec la magie, c'est qu'il est possible de l'intégrer à notre vie de tous les jours, aussi bien en l'imprégnant discrètement dans notre quotidien qu'en l'offrant à la vue de tous les membres de notre foyer. On peut aussi la transmettre à nos enfants en les faisant participer à nos pratiques magiques.

LE QUOTIDIEN DE LA SORCIÈRE

Le rythme imposé par la vie moderne (emploi du temps chargé, surinformation, exigences professionnelles et sociales) nous met à rude épreuve et nous empêche la plupart du temps de nous recentrer sur l'essentiel.

La pratique de la magie nous permet de nous reconnecter au rythme des cycles des saisons, des lunes et de nos propres cycles intérieurs. Bref, au cycle de la nature, tout simplement. Accepter que notre énergie, notre attention, nos ressentis soient fluctuants et nous poussent à plus de tolérance envers nous-mêmes et envers ce et ceux qui nous entourent. Il est essentiel d'apprendre – ou de réapprendre – à décrocher et à lâcher prise.

Intégrer notre pratique sorcière à notre quotidien nous aide à développer notre intuition et nos pouvoirs intérieurs. Elle nous permet ainsi de donner plus de sens à ce que nous sommes, mais aussi à ce que nous transmettons et partageons avec notre entourage, et plus particulièrement nos enfants.

SORCIÈRE ET MAMAN

Tous les parents le savent : s'offrir du temps de qualité, rien que pour soi, relève parfois de l'épopée. Tout en respectant notre rythme biologique naturel, nous pouvons planifier un temps défini à notre pratique magique en solo : tôt le matin ou tard le soir, le midi si nous avons la possibilité de rentrer chez nous pour déjeuner, ou encore dans la journée si nous pouvons nous accorder quelques heures lorsque les enfants sont à l'école. Mais il est également possible de partager tout cela avec eux et de les initier à nos travaux magiques.

Dans tous les cas, accordons-nous de la patience et de la bienveillance ; ne soyons pas trop exigeantes sur le temps à consacrer à notre pratique magique. N'oublions pas que ce que nous faisons en conscience et dans le respect de nous-mêmes et des autres est toujours juste. Et avec le temps, les acquis et les habitudes, la pratique de la magie s'infuse d'elle-même dans les tâches et activités du quotidien.

LES ENFANTS ET L'IMAGE DE LA SORCIÈRE

Dans les contes pour enfants, les mythologies et plus globalement la mémoire collective, la sorcière est principalement représentée comme une femme malveillante, solitaire ou s'entourant d'êtres sombres. Et les définitions trouvées dans les dictionnaires sont loin d'être d'une grande aide pour changer cette représentation ! Il est essentiel de revenir sur cette image afin que chacun puisse s'offrir un nouveau point de vue.

Non, la sorcière n'est pas laide et n'a pas de dons surnaturels qu'elle utilise pour faire le mal. Pour expliquer ce qu'est une sorcière aux enfants, nous pouvons reprendre cette définition : « La sorcière est une femme forte, puissante et indépendante. Elle a conscience des forces qui l'entourent, ressent l'énergie de ce qui est invisible et sait faire le lien avec ce qui est visible. Elle a l'habitude de travailler avec les éléments, en harmonie avec la nature et ses cycles, dont elle a la connaissance ». Elle est bien sûr à remanier, développer et expliquer selon l'âge des enfants. Et si on suit l'imaginaire collectif, on peut leur parler aussi du rôle de la « fée », proche en de nombreux points de celui de la sorcière.

Ayons confiance en l'ouverture d'esprit innée de nos enfants ! Avec pédagogie et douceur, ils ne peuvent que comprendre et adhérer à une pratique centrée à la fois sur l'écoute du monde, des autres et de soi.

L'UTILITÉ DE CE CAHIER

Nous le savons, s'organiser et programmer nous aide à nous libérer du temps et permet de ne pas avoir le sentiment de nous laisser déborder ou de passer à côté de quelque chose. Cela vaut aussi pour nos travaux magiques.

Ce cahier propose des outils pour organiser notre pratique sorcière en famille au rythme des saisons et des lunes, mais aussi pour infuser de la magie dans les tâches et activités du quotidien.

Bien évidemment, ils ne sont que des propositions : appropriez-vous ce qui vous semble juste et cohérent. N'hésitez pas à modifier ou compléter en fonction de vos divers apprentissages, vos habitudes, souhaits et ressentis.

ET AUSSI...

Le mot « sorcière » est particulièrement genré. Cependant, si vous êtes un homme, un « sorcier » donc, ne vous sentez pas exclu ! Si vous lisez ces lignes et que vous vous sentez concerné par les sujets abordés, faites fi du féminin couramment utilisé et appropriez-vous ce cahier.

Nos cycles magiques

La connaissance des cycles de la nature est un atout majeur pour toute sorcière. Elle permet de comprendre leurs impacts sur le vivant et de mettre en phase ses travaux magiques avec les énergies impulsées par l'univers et la nature. Vous trouverez ici les repères élémentaires pour comprendre les influences des phases lunaires, des saisons et des sabbats, afin d'appréhender les énergies favorables aux demandes ou actions, et d'ainsi optimiser et organiser votre pratique magique.

Pratiquer la magie au rythme de la lune

La lune une partenaire essentielle pour les sorcières. Travailler avec son énergie permet d'accentuer la puissance de nos actions, de comprendre nos ressentis et la fluctuation des énergies qui nous entourent. Pour cela, il est nécessaire de prendre en compte les phases lunaires (dont le cycle est mensuel) et les phases zodiacales (que nous retrouverons au fil des saisons dans les p. 12 à 27).

Phase lunaire	Sa présence	Ce que nous pouvons faire
Nouvelle lune	Durant 3 jours, la lune n'est pas visible.	• Rester au calme. • Prendre des décisions et les écrire. • Purifier notre intérieur et nos objets magiques.
Premier croissant	Débute 3 jours après la nouvelle lune.	• Nous occuper de nous. • Créer.
Premier quartier	Débute 7 jours après la nouvelle lune.	• Nous organiser. • Passer à l'action.
Gibbeuse croissante	Débute 11 jours après la nouvelle lune.	• Nous ouvrir à notre environnement. • Exprimer notre gratitude.
Pleine lune	Durant 3 jours, la lune est parfaitement visible.	• Passer à l'action. • Écrire ce que nous souhaitons valoriser et ce que nous souhaitons mettre de côté. • Placer nos objets magiques au clair de lune pour les recharger.
Gibbeuse décroissante	Débute 3 jours après la pleine lune.	• Nous tourner vers nous-même. • Nous remercier.
Dernier quartier	Débute 7 jours après la pleine lune.	• Clôturer nos intentions. • Achever nos actions.
Dernier croissant	Débute 11 jours après la pleine lune.	• Faire du tri dans notre espace. • Faire du tri dans notre esprit.

Ma to do list des phases lunaires

Vous pouvez noter ici vos souhaits pour les lunes du mois (activités, rituels).

Dernier croissant

Nouvelle lune

Premier croissant

Dernier quartier

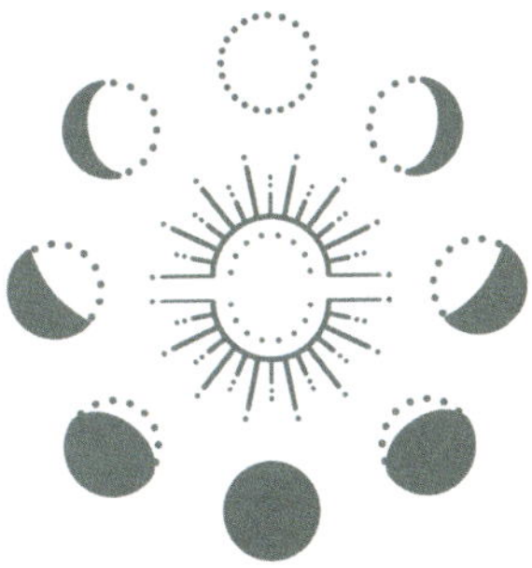

Premier quartier

Gibbeuse décroissante

Pleine lune

Gibbeuse croissante

Pratiquer la magie au rythme des saisons

La pratique de la magie passe en grande partie par le renouement aux cycles de la nature. Ils sont incarnés par les saisons et les fêtes symboliques qui leur sont associées, ainsi que les cycles lunaires. Chaque sabbat, chaque lune (nouvelle ou pleine) nous apporte son lot d'énergies, d'influences et de symboles.

Les sabbats

L'année calendaire est composée de huit fêtes païennes symbolisant le rythme de la nature. Ces fêtes sont à la fois des repères pour nos travaux magiques et pour la compréhension des énergies qui nous entourent comme de nos énergies personnelles (humeur et forme physique).

Les dates indiquées dans les pages suivantes concernent l'hémisphère Nord.

Les lunes

Une année lunaire compte 354 jours. Il y a donc 25 lunes sur une année calendaire : soit 12 nouvelles lunes et 13 pleines lunes, soit 13 nouvelles lunes et 12 pleines lunes. Les influences de la lune sur nos émotions, nos ressentis et notre sensibilité diffèrent en fonction de la place de l'astre dans le ciel et, de fait, du signe du zodiaque traversé.

Astuce

Pour mieux comprendre le lien entre les signes du zodiaque et les phases lunaires, voici un point de repère : lorsque la lune est nouvelle, elle se situe dans la même zone que le soleil : son signe zodiacal est donc identique. Lorsque la lune est pleine, elle se situe dans la zone opposée au soleil : son signe zodiacal est donc opposé.

La roue de l'année

Vous pouvez reproduire et colorier ce schéma afin de vous familiariser avec le cycle des saisons.

Hiver

L'hiver est une période de grande introspection, mais symbolise également l'espoir : la lumière sera bientôt de retour. Nous pouvons nous accorder du repos en famille afin de récupérer de l'intensité du reste de l'année.
Travaux magiques propices à l'hiver : purification, protection, pardon, médiumnité et intuition.

Les lunes d'hiver

Dates	Types de lune	Ce que nous ressentons	Périodes propices pour...	J'en profite pour...
22 décembre - 19 janvier	Nouvelle lune en Capricorne	• Intégrité • Honnêteté envers nous-même • Détermination	• Clarifier ses idées • Prendre des décisions • Déposer des intentions	....
	Pleine lune en Cancer	• Acceptation de situations • Lâcher-prise	• Clarifier ses idées • Amorcer des changements	....
20 janvier - 18 février	Nouvelle lune en Verseau	• Réalignement • Sentiment de libération	• Avoir confiance en soi • Lancer des changements	....
	Pleine lune en Lion	• Énergie intense • Sentiment de libération • Écoute affinée	• Échanger • S'ouvrir au pardon envers les autres et soi-même • Créer	....
19 février - 20 mars	Nouvelle lune en Poissons	• Émotions intenses • Intuitions affinées	• Effectuer des travaux autour de la guérison • Lancer des projets axés sur le renouveau (les Poissons marquent la fin du cycle de l'année astrologique)	....
	Pleine lune en Vierge	• Phase de transformation • Sentiment de libération	• Dresser des bilans • Prendre des décisions • Planifier	....

Notez vos ressentis et pensées aux cours des lunes. Ils vous permettront de prendre conscience de vos états physiques et émotionnels. Ces notes pourront devenir une ressource précieuse au fil du temps.

Nouvelle lune en Capricorne • Date : ....

Mes ressentis et mes souhaits :

....

....

....

Pleine lune en Cancer • Date : ....

Mes ressentis, ce que je souhaite valoriser ou mettre de côté :

....

....

....

Nouvelle lune en Verseau • Date : ....

Mes ressentis et mes souhaits :

....

....

....

Pleine lune en Lion • Date : ....

Mes ressentis, ce que je souhaite valoriser ou mettre de côté :

....

....

....

Nouvelle lune en Poissons • Date : ....

Mes ressentis et mes souhaits :

....

....

....

Pleine lune en Vierge • Date : ....

Mes ressentis, ce que je souhaite valoriser ou mettre de côté :

....

....

....

Yule

21 AU 23 DÉCEMBRE

Yule correspond à la fois au solstice d'hiver et à la fête de Noël. La nuit est plus présente que le jour. Nous célébrons l'allongement des jours à venir et le prochain retour à la lumière.

Éléments pour l'autel : bougies, gui, houx, guirlandes, cadeaux.

Pour célébrer Yule, vous pouvez :

- allumer un feu, des bougies ou de nombreuses petites lumières ;
- décorer un arbre ainsi que votre maison en famille ;
- confectionner des recettes typiques de Yule (mets et boissons chaudes à base d'épices) ;
- profitez de cette période d'introspection pour méditer sur votre part sombre, vos peines, peurs et angoisses, afin de tenter de les appréhender plus sereinement, voire les accepter. Vous pouvez proposer cet exercice aux membres de votre famille ;
- vous remercier pour tout ce que vous accomplissez et inviter vos proches à en faire de même ;
- remercier également votre entourage pour son affection et inviter les membres de votre famille à en faire autant : vous pouvez pour cette occasion échanger des cadeaux et partager un copieux repas.

Imbolc

1er AU 2 FÉVRIER

Imbolc correspond à la Chandeleur. Le jour commence à se faire plus présent et l'espoir renaît. Nous célébrons la lumière croissante.

Éléments pour l'autel : bougies, sel, eau, bâtons de fumigation.

Pour célébrer Imbolc, vous pouvez :

- nettoyer et purifier votre intérieur afin de laisser aller les maux de l'hiver ;
- allumer un maximum de bougies ou de nombreuses petites lumières ;
- confectionner des crêpes en famille. Elles symbolisent le renouveau du soleil ;
- partager les crêpes au cours d'un joyeux repas ;
- prendre le temps de méditer sur vos projets à venir et sur la manière dont vous pouvez les voir se réaliser. Vous pouvez proposer cet exercice aux membres de votre famille.

Yule en famille

Notez ici les pratiques magiques que vous allez mettre en place pour célébrer cette fête.

Notre rituel

....

....

....

Sur notre autel

....

....

....

Notre recette préférée

....

....

....

Imbolc en famille

Notez ici les pratiques magiques que vous allez mettre en place pour célébrer cette fête.

Notre rituel

....

....

....

Sur notre autel

....

....

....

Notre recette préférée

....

....

....

Printemps

Le printemps est le symbole de la renaissance, de la joie et de l'éveil. C'est une période d'expansion durant laquelle on célèbre la fertilité de la Terre, les semences et plantations.
Travaux magiques propices au printemps : créativité, chance, prospérité, abondance, méditation et intuition.

Les lunes du printemps

Dates	Types de lune	Ce que nous ressentons	Périodes propices pour...	J'en profite pour...
21 mars - 19 avril	Nouvelle lune en Bélier	• Courage • Dynamisme • Confiance en soi	• Initier un nouveau départ (le Bélier marque le début du nouveau cycle de l'année astrologique) • Passer à l'action	....
	Pleine lune en Balance	• Sentiment de libération • Sentiment d'équilibre • Authenticité	• Engager des conversations en toute honnêteté • Effectuer des travaux autour de la guérison	....
20 avril - 20 mai	Nouvelle lune en Taureau	• Sentiment d'équilibre • Sentiment de sécurité • Retour au calme	• Effectuer des travaux autour de l'ancrage • Dresser des bilans • Prendre soin de soi	....
	Pleine lune en Scorpion	• Vérité • Acceptation • Émotions intenses	• Être honnête envers soi-même • Lâcher-prise • Effectuer des travaux autour de la guérison	....
21 mai - 20 juin	Nouvelle lune en Gémeaux	• Forte intuition • Inspiration • Ouverture aux autres	• Lancer des changements • Communiquer avec les autres	....
	Pleine lune en Sagittaire	• Sentiments de libération et d'accomplissement • Espoir	• Dresser des bilans • Initier de nouveaux départs	....

Notez vos ressentis et pensées aux cours des lunes. Ils vous permettront de prendre conscience de vos états physiques et émotionnels. Ces notes pourront devenir une ressource précieuse au fil du temps.

Nouvelle lune en Bélier • Date : ....

Mes ressentis et mes souhaits :

....

....

....

Pleine lune en Balance • Date : ....

Mes ressentis, ce que je souhaite valoriser ou mettre de côté :

....

....

....

Nouvelle lune en Taureau • Date : ....

Mes ressentis et mes souhaits :

....

....

....

Pleine lune en Scorpion • Date : ....

Mes ressentis, ce que je souhaite valoriser ou mettre de côté :

....

....

....

Nouvelle lune en Gémeaux • Date : ....

Mes ressentis et mes souhaits :

....

....

....

Pleine lune en Sagittaire • Date : ....

Mes ressentis, ce que je souhaite valoriser ou mettre de côté :

....

....

....

Ostara
20 AU 23 MARS

Ostara correspond à la fête de Pâques et à l'équinoxe de printemps. Cette fête symbolise le retour de la vie après l'hiver. Nous célébrons le retour de la lumière et la renaissance de la nature.

Éléments pour l'autel : bougies, panier contenant nos souhaits, œufs décorés, fleurs de saison, graines.

Pour célébrer Ostara, vous pouvez :

- décorer votre intérieur en famille avec des bouquets de fleurs printanières et des œufs évidés et peints (symbolisant l'éclosion de la nature) ;
- commencer à travailler votre jardin sorcier en préparant la terre et en semant les premières graines ;
- planter des graines symboliques en matérialisant sur le papier vos projets. Écrivez, peignez ou dessinez : quelle que soit sa forme, la créativité est le maître-mot de cette période. Vous pouvez proposer cet exercice aux membres de votre famille.

Beltane
30 AVRIL AU 1er MAI

Beltane symbolise l'apogée du printemps et l'arrivée de l'été. La lumière et la nature sont de nouveau présentes. Nous célébrons le renouveau de nos propres vies.

Éléments pour l'autel : bougies, fleurs et fruits de saison, éléments récoltés dans la nature, créations végétales.

Pour célébrer Beltane, vous pouvez :

- prendre le temps de méditer sur les accomplissements qui vous sont propres afin de vous célébrer et d'honorer le renouveau de votre propre vie. Vous pouvez proposer cet exercice aux membres de votre famille ;
- allumer un feu de bois (en extérieur, si cela est possible) et des bougies ou de nombreuses petites lumières ;
- fabriquer des couronnes, des colliers ou des guirlandes de végétaux en famille ;
- réaliser ensemble un mât de Beltane en nouant autour d'un bâton de bois des rubans colorés. Ces derniers symbolisent l'union et les actions accomplies ensemble ;
- danser et chanter ensemble ! C'est une période propice à laisser s'exprimer sa joie.

Ostara en famille

Notez ici les pratiques magiques que vous allez mettre en place pour célébrer cette fête.

Notre rituel

....

....

....

Sur notre autel

....

....

....

Notre recette préférée

....

....

....

Beltane en famille

Notez ici les pratiques magiques que vous allez mettre en place pour célébrer cette fête.

Notre rituel

....

....

....

Sur notre autel

....

....

....

Notre recette préférée

....

....

....

Été

L'été représente le point culminant de la lumière, de l'abondance et de la croissance. C'est une période pleine d'énergie, de joie et d'ouverture. Travaux magiques propices à l'été : chance, prospérité, abondance, créativité, amour, méditation et intuition.

Les lunes de l'été

Dates	Types de lune	Ce que nous ressentons	Périodes propices pour…	J'en profite pour…
21 juin - 22 juillet	Nouvelle lune en Cancer	• Émotions intenses • Sensibilité affinée • Écoute active	• Lancer des réflexions • Accepter • S'ouvrir aux autres	…………………… …………………… …………………… …………………… ……………………
	Pleine lune en Capricorne	• Compréhension des émotions • Sentiment de renouveau	• Clarifier ses idées • S'organiser • Passer à l'action	…………………… …………………… …………………… …………………… ……………………
23 juillet - 22 août	Nouvelle lune en Lion	• Sentiment de courage • Spontanéité affinée • Écoute active	• Prendre des responsabilités • Passer à l'action • Échanger	…………………… …………………… …………………… …………………… …………………… ……………………
	Pleine lune en Verseau	• Sentiment de libération • Prise de conscience	• Faire le point • Lancer des changements	…………………… …………………… …………………… …………………… ……………………
23 août - 22 septembre	Nouvelle lune en Vierge	• Sentiment d'ancrage • Ouverture vers la guérison	• Prendre des décisions • Planifier • Passer à l'action	…………………… …………………… …………………… …………………… ……………………
	Pleine lune en Poissons	• Émotions intenses • Compréhension affinée	• Accepter ce qui ne convient pas • Effectuer des travaux autour de l'harmonie	…………………… …………………… …………………… …………………… ……………………

Notez vos ressentis et pensées aux cours des lunes. Ils vous permettront de prendre conscience de vos états physiques et émotionnels. Ces notes pourront devenir une ressource précieuse au fil du temps.

Nouvelle lune en Cancer • Date : ....

Mes ressentis et mes souhaits :

....

....

....

Pleine lune en Capricorne • Date : ....

Mes ressentis, ce que je souhaite valoriser ou mettre de côté :

....

....

....

Nouvelle lune en Lion • Date : ....

Mes ressentis et mes souhaits :

....

....

....

Pleine lune en Verseau • Date : ....

Mes ressentis, ce que je souhaite valoriser ou mettre de côté :

....

....

....

Nouvelle lune en Vierge • Date : ....

Mes ressentis et mes souhaits :

....

....

....

Pleine lune en Poissons • Date : ....

Mes ressentis, ce que je souhaite valoriser ou mettre de côté :

....

....

....

Litha

20 AU 22 JUIN

Litha correspond à la fête de la Saint-Jean et au solstice d'été. C'est le jour le plus long de l'année au cours duquel le soleil est à l'honneur.

Éléments pour l'autel : bougies, fleurs, plantes et fruits de saisons.

Pour célébrer Litha, vous pouvez :

- allumer un feu de bois (en extérieur, si cela est possible) et des bougies ou de nombreuses petites lumières ;
- profiter pleinement de votre soirée en famille et/ou entre amis jusqu'aux derniers rayons du soleil. C'est une journée favorable à l'amour et l'union ;
- laisser votre joie s'exprimer par le chant, la danse et la musique ;
- récolter des plantes médicinales, fruits et fleurs : c'est la période idéale. Au cours de votre cueillette, pensez à remercier la nature pour ses cadeaux.

Lugnasad

1er AU 3 AOÛT

La fête de Lugnasad (ou Lammas) symbolise les premières récoltes, l'abondance et le partage. C'est également le moment à partir duquel le soleil décline.

Éléments pour l'autel : bougies, épis de blé, fruits, légumes et fleurs de saison, pain.

Pour célébrer Lugnasad, vous pouvez :

- confectionner en famille du pain ou toute autre recette à base de farine, symbole des récoltes et de l'abondance de la terre ;
- partager ensuite ces mets lors d'un repas au cours duquel vous célébrerez l'abondance de la terre et la nourriture qu'elle nous offre ;
- vous remercier pour les actions réalisées cette année. Si elles sont positives, soyez reconnaissante pour ces réussites. Si toutefois elles sont négatives, soyez reconnaissante pour les enseignements apportés. Vous pouvez proposer cet exercice aux membres de votre famille.

Litha en famille

Notez ici les pratiques magiques que vous allez mettre en place pour célébrer cette fête.

Notre rituel

....

....

....

Sur notre autel

....

....

....

Notre recette préférée

....

....

....

Lugnasad en famille

Notez ici les pratiques magiques que vous allez mettre en place pour célébrer cette fête.

Notre rituel

....

....

....

Sur notre autel

....

....

....

Notre recette préférée

....

....

....

Automne

L'automne symbolise à la fois le point culminant de l'abondance de la terre et le déclin de la lumière. C'est une période d'ouverture aux mystères et à la magie, dédiée au lâcher-prise et au repos.
Travaux magiques propices à l'automne : purification, protection, méditation et intuition.

Les lunes de l'automne

Dates	Types de lune	Ce que nous ressentons	Périodes propices pour…	J'en profite pour…
23 septembre - 22 octobre	Nouvelle lune en Balance	• Sentiment d'équilibre et de stabilité • Ouverture vers la guérison	• Établir un bilan en toute honnêteté • Privilégier les moments d'introspection	………………………………
	Pleine lune en Bélier	• Affirmation de soi • Sentiment de courage et d'intégrité	• Prendre des décisions • Passer à l'action	………………………………
23 octobre - 21 novembre	Nouvelle lune en Scorpion	• Émotions intenses • Forte connexion au monde	• Définir des souhaits d'évolution • Initier une phase de transformations	………………………………
	Pleine lune en Taureau	• Lâcher-prise • Retour au calme • Confiance	• Affirmer ses transformations • Accepter sa part sombre	………………………………
22 novembre - 21 décembre	Nouvelle lune en Sagittaire	• Sentiment de libération • Compréhension de ses propres vérités	• Clarifier les zones d'ombre • Dresser le bilan	………………………………
	Pleine lune en Gémeaux	• Sentiment de discernement et d'alignement • Dualité intérieure	• Concrétiser ses projets • Affirmer ses souhaits	………………………………

Notez vos ressentis et pensées aux cours des lunes. Ils vous permettront de prendre conscience de vos états physiques et émotionnels. Ces notes pourront devenir une ressource précieuse au fil du temps.

Nouvelle lune en Balance • Date : ....

Mes ressentis et mes souhaits :

....

....

....

Pleine lune en Bélier • Date : ....

Mes ressentis, ce que je souhaite valoriser ou mettre de côté :

....

....

....

Nouvelle lune en Scorpion • Date : ....

Mes ressentis et mes souhaits :

....

....

....

Pleine lune en Taureau • Date : ....

Mes ressentis, ce que je souhaite valoriser ou mettre de côté :

....

....

....

Nouvelle lune en Sagittaire • Date : ....

Mes ressentis et mes souhaits :

....

....

....

Pleine lune en Gémeaux • Date : ....

Mes ressentis, ce que je souhaite valoriser ou mettre de côté :

....

....

....

Mabon

21 AU 23 SEPTEMBRE

Mabon correspond à l'équinoxe d'automne. La durée de la nuit est égale à celle du jour. L'abondance de la terre touche à sa fin. C'est une période de grande modification énergétique.

Éléments pour l'autel : bougies, bâtons de fumigation, récoltes issues de balades en nature, fruits et légumes.

Pour célébrer Mabon, vous pouvez :

- réaliser un grand ménage (nettoyage et purification) afin de préparer l'entrée dans l'hiver ;
- confectionner en famille des mets à base de pomme, fruit symbolique de cette période de fin de récolte ;
- faire l'état des lieux de vos projets, la liste de ce que vous souhaitez achever en cette fin d'année et de ce que vous décidez de reporter au prochain cycle. Vous pouvez proposer cet exercice aux membres de votre famille ;
- prendre le temps de méditer sur votre part sombre afin de vous préparer pour les mois à venir et inviter vos proches à faire de même.

Samhain

31 OCTOBRE AU 1er NOVEMBRE

Samhain correspond à La Toussaint et à Halloween. Cette fête symbolise la fin du cycle, la mort, mais aussi la renaissance à venir. Au cours de ce sabbat, nous honorons nos ancêtres.

Éléments pour l'autel : bougies, encens ou bâtons de fumigation, photos des êtres perdus, petits mots à leur intention.

Pour célébrer Samhain, vous pouvez :

- honorer vos ancêtres, déposer en famille leurs photos sur votre autel, allumer des bougies, faire brûler de l'encens et effectuer des offrandes ;
- prendre le temps d'échanger à leurs sujets, de les remercier pour ce qu'ils vous ont apporté et vous apportent toujours ;
- approfondir votre pratique magique autour de l'intuition : tarots, runes, pendule, écriture intuitive... C'est le moment idéal, car le voile entre les mondes visible et invisible est aminci ;
- accueillir votre part sombre et accepter toutes les sensations qui l'accompagnent. Vous pouvez inviter vos proches à faire de même.

Mabon en famille

Notez ici les pratiques magiques que vous allez mettre en place pour célébrer cette fête.

Notre rituel

....

....

....

Sur notre autel

....

....

....

Notre recette préférée

....

....

....

Samhain en famille

Notez ici les pratiques magiques que vous allez mettre en place pour célébrer cette fête.

Notre rituel

....

....

....

Sur notre autel

....

....

....

Notre recette préférée

....

....

....

Notre pratique magique

La réussite des pratiques magiques s'effectue en grande partie grâce à l'alchimie entre les énergies qui nous entourent, auxquelles nous faisons appelle, et nos propres énergies. Afin de canaliser ses pouvoirs lors de travaux magiques, la sorcière doit prendre conscience de ses cycles naturels, apprendre à se protéger et à lâcher prise, appréhender les moments et lieux opportuns aux rituels. L'apprentissage en famille de ces principes peut s'avérer être de précieuses ressources pour nos enfants.

L'autel

L'autel est un espace sacré autour duquel nous pouvons être particulièrement concentrées sur nos actes, demandes et intentions magiques. C'est pour cette raison qu'on y effectue nos rituels. Sa place et sa composition peuvent varier en fonction de notre foyer et de notre quotidien.

Un autel selon les envies et besoins

L'AUTEL FIXE

Votre autel peut prendre une place importante au sein du foyer et être un espace commun à la famille. Dans ce cas, il n'y a aucune limite à sa place, sa composition et son utilisation.

L'AUTEL PERMANENT DISSIMULÉ

Vous souhaitez que votre autel soit discret, mais ne pas ranger tous les éléments après chaque utilisation, alors vous pouvez le dissimuler dans une boîte ou une valisette qui sera refermée et rangée après votre pratique.

L'AUTEL ÉPHÉMÈRE

Si vous souhaitez un autel discret et qui n'empiète pas sur votre intérieur, vous pouvez réaliser un espace éphémère à monter et démonter au gré des besoins. Dans ce cas, il est utile de prévoir un espace de rangement pour les éléments de votre autel.

L'AUTEL DE PAPIER

Vous pouvez dessiner les éléments de votre autel sur une feuille de papier, les découper puis les ranger dans une enveloppe et les sortir au gré des besoins (discrétion assurée !). Enfin, vous pouvez tout simplement dessiner l'autel et ses éléments sur une feuille de papier (pratique lors des déplacements).

Les éléments à placer sur l'autel

Tout est possible ! Il existe autant d'autels que de pratiquants. Il ne faut pas hésiter à modifier votre autel au rythme des saisons, des types de rituel réalisés, des déités honorées, des demandes et intentions formulées.

EXEMPLE DE COMPOSITION D'AUTEL AUTOUR DES 4 ÉLÉMENTS

Les symboliques des éléments sont très puissantes et s'adaptent à de nombreuses pratiques magiques. Définissez d'abord l'emplacement des points cardinaux.

- Au nord se situe l'élément Terre. Vous pouvez y placer un bol rempli de terre, de sable ou de sel, des plantes, du bois, des dessins symbolisant la Terre.
- À l'est se situe l'élément Air. Vous pouvez y placer des plumes, de l'encens, un bâton de fumigation, des dessins symbolisant l'Air.
- Au sud se situe l'élément Feu. Vous pouvez y placer une bougie, des allumettes, de l'encens, des dessins symbolisant le Feu.
- À l'ouest se situe l'élément Eau. Vous pouvez y placer un bol d'eau, des coquillages, des plantes fraîches, des dessins symbolisant l'Eau.

Notre autel pour ....

Vous pouvez décrire ici l'autel que vous avez créé avec vos enfants.

Date : ....

Éléments	Symboliques
•	• ....
•	• ....
•	• ....
•	• ....
•	• ....
•	• ....
•	• ....
•	• ....
•	• ....
•	• ....
•	• ....
•	• ....
•	• ....
•	• ....

Photo ou dessin
de notre autel

Les rituels

Le rituel est au cœur de la pratique sorcière. Tout acte magique peut prendre la forme d'un rituel. L'essentiel étant que les actions mises en place respectent les règles et coutumes correspondant à notre pratique.

L'OBJECTIF

Vous pouvez mettre en place un rituel afin de faire une demande à l'invisible dans le but de voir s'incarner des choses dans le réel, de déposer une intention, ou en vue d'honorer des divinités ou les éléments sans attente directe.

LE LIEU

Le rituel peut être pratiqué en intérieur ou en nature. Il est préférable de choisir un lieu propice au calme et la concentration.

LE MOMENT

Plus les intentions sont puissantes, plus les rituels seront efficaces. Il existe cependant de nombreuses correspondances entre les périodes (jours de la semaine, lunes, saisons, signes du zodiaque) et les types de rituel. N'hésitez pas à vous renseigner en amont.

LES PARTICIPANTS

Vous pouvez pratiquer seule ou accompagnée de vos amis ou des membres de votre famille. Il est nécessaire de veiller à s'entourer de personnes partageant ou respectant vos rites et croyances.

LA FORME

Le rituel peut être personnifié par des gestes, des chants, des danses, des prières silencieuses ou à voix haute, la création de symboles, d'écrits ou de dessins. Laissez votre créativité s'exprimer.

LA DURÉE

Le rituel peut durer quelques instants ou plusieurs heures.

EXEMPLE DE DÉROULEMENT D'UN RITUEL

Si le rituel est très personnel, il est cependant pertinent d'y intégrer les principes de purification, de protection et de clôture.

- Purifiez l'espace rituel et les participants à l'aide de la fumée d'un bâton de fumigation ou d'encens. Si cela n'est pas possible (enfants, femmes enceintes, personnes ayant des problèmes respiratoires), utilisez un spray d'eau de plante purifiante.
- Tracez un cercle de protection. Cela permet d'ouvrir la voie entre les mondes visible et invisible, mais également de canaliser les énergies et de vous protéger. Il peut être réalisé avec du sel, de la craie, des pierres ou des plantes.
- Procédez au rituel.
- Refermez le cercle en retirant un à un les éléments qui le composent ou en effaçant sa trace. Cela peut également être une fermeture « mentale », en visualisant sa disparition.
- Enfin, célébrez, honorez et remerciez ce qui vous entoure et qui vous permet d'agir en votre âme et conscience (personnes ou choses, visibles ou invisibles).

Notre rituel de ....

Vous pouvez utiliser la trame suivante pour préparer votre prochain rituel ou en garder une trace une fois celui-ci réalisé.

Date : ....

Lieu :

....

Participants :

....

....

....

Composition de l'autel :

....

....

....

Intentions et objectifs :

....

....

....

....

Déroulement :

....

....

....

....

....

....

....

Observations :

....

....

....

....

....

....

Préserver nos énergies

La vie de famille est formidable, riche en expérience, pleine d'action et... particulièrement énergivore. En tant que parents, nous devons être constamment à l'écoute, nous adapter et parfois laisser nos besoins et envies de côté. Mais pour prendre soin des autres, rayonner et transmettre, il est essentiel en premier lieu de prendre soin de soi et de se sentir aligné.

Le cycle féminin

Comprendre et analyser son cycle permet de mieux appréhender nos fluctuations d'énergie afin d'être bienveillantes envers nous-mêmes et prendre en compte ces changements dans notre quotidien et notre pratique de la magie.

Phase « Mère »

15e au 21e jour
Ovulation - Phase expressive

- La force et l'énergie sont présentes.
- Je suis en harmonie avec moi-même et mon entourage.
- Période propice à la créativité, la sexualité, l'ouverture sociale.

Phase « Vierge »

8e au 14e jour
Pré-ovulation - Phase dynamique

- L'énergie et la confiance renaissent.
- Je suis plus dynamique et enthousiaste.
- Période propice aux travaux de concentration.

Phase « Enchanteresse »

22e au 28e jour
Période prémenstruelle - Phase créative

- Mon énergie est débordante.
- Je suis très active. J'analyse et réfléchis sans limite.
- Période propice au défoulement et aux travaux d'intuition.

Phase « Sorcière »

1er au 7e jour
Menstruations - Phase contemplative

- Besoin de repos et de prendre soin de moi.
- Je me replie sur moi-même.
- Période propice à la rêverie et à la gestation d'idées.

Notez vos ressentis au cours des différentes phases de votre cycle menstruel : cela vous permettra de prendre conscience de vos états physiques et émotionnels et, avec le temps, de mieux les appréhender.

Ma phase « sorcière »

Mes ressentis : ....

....

....

....

....

J'en profite pour... ....

....

....

....

....

Ma phase « vierge »

Mes ressentis : ....

....

....

....

....

J'en profite pour... ....

....

....

....

....

Ma phase « mère »

Mes ressentis : ....

....

....

....

....

J'en profite pour... ....

....

....

....

....

Ma phase « enchanteresse »

Mes ressentis : ....

....

....

....

....

J'en profite pour... ....

....

....

....

....

Exercices pour préserver nos énergies

Toutes ces techniques peuvent être pratiquées en famille et sont adaptées aux enfants.

Le bouclier physique

Ce bouclier protecteur peut être très utile dans les lieux publics, au cours de rendez-vous ou lorsque la maison est emplie d'énergies qui ne nous conviennent pas. Il peut être renforcé ou renouvelé dès que le besoin s'en fait sentir.

- Isolez-vous un moment, fermez les yeux et effectuez quelques profondes respirations afin de vous détendre.
- Visualisez votre corps et l'aura qui l'entoure. Puis imaginez une coque protectrice qui les enveloppe.
- Insufflez des énergies positives au sein de votre bulle. Leur forme est très personnelle : ce peut être des pensées, une couleur, une prière, la force d'un élément.
- Si besoin, vous pouvez faire la demande de sentir votre attention se porter uniquement sur les choses essentielles, afin de garder un esprit centré.
- Effectuez de nouveau quelques profondes respirations et ouvrez les yeux. Vous pouvez ainsi affronter l'environnement qui vous entoure sans sentir votre énergie s'envoler.

Notre ressenti après l'exercice :

....

....

....

....

....

....

....

....

....

Le cercle d'espace vital

Ce cercle est à la fois protecteur et libérateur. Cet exercice est une façon de déclarer que nous acceptons que certains éléments atteignent notre espace vital alors que d'autres en sont exclus. Il n'a pas de durée définie et nous pouvons le renouveler dès que nous en ressentons le besoin.

- Sur une feuille, dessinez un cercle représentant votre espace vital, votre bulle intime.
- Fermez les yeux et effectuez quelques profondes respirations afin de vous détendre. Puis visualisez ce précieux espace.
- À l'intérieur du cercle, écrivez ou dessinez ce que vous acceptez dans cette zone très personnelle et vitale.
- À l'extérieur du cercle, écrivez ou dessinez ce que vous excluez et souhaitez laisser en dehors de votre espace vital.
  Vous pouvez placer hors du cercle des situations, des pensées, des paroles, voire des personnes (cela ne signifie pas que vous les rejetez de votre vie, ni que l'amour n'est pas présent).
- Fermez de nouveau les yeux, effectuez quelques profondes respirations et visualisez ce que vous venez d'écrire ou dessiner. Une fois que vous vous en sentez imprégnée, ouvrez les yeux.

Notre ressenti après l'exercice : ....
....
....
....
....

La douche purifiante

Cette douche permet d'évacuer les énergies qui ne nous conviennent pas afin de nous en décharger et de pouvoir être disponible pour les autres et pour nous-mêmes. Cet exercice puissant de purification n'a pas de durée définie. Vous pouvez le renouveler dès que vous en ressentez le besoin.

- Isolez-vous un moment, fermez les yeux et effectuez quelques profondes respirations afin de vous détendre.
- Gardez les yeux fermés et visualisez une pluie de lumière qui tombe sur vous.
- Visualisez cette douche lumineuse nettoyer votre corps, à l'intérieur et à l'extérieur.
- Puis représentez-vous les énergies non souhaitées s'évacuer sous la forme d'eaux usées.
- Prenez le temps de sentir votre corps et votre esprit devenir plus légers.
- Effectuez de nouveau quelques profondes respirations et ouvrez les yeux.

Notre ressenti après l'exercice : ....

....

....

....

....

....

....

....

....

....

....

....

Nos exercices de libération et de protection

✧ ....

....

....

....

....

....

✧ ....

....

....

....

....

....

✧ ....

....

....

....

....

....

MARCHER, TOUT SIMPLEMENT !

Les bienfaits de la marche pour la santé sont largement reconnus. La marche est également une activité hautement spirituelle. C'est un moment où l'on peut se trouver seul, en introspection, en méditation. On peut utiliser le temps d'une marche pour se reconnecter complètement à soi, à la nature, au sacré, mais également pour prendre des décisions et visualiser des charges que l'on laisse derrière soi. Elle est tout aussi libératrice que protectrice.

Le yoga

Le yoga permet une réelle connexion entre le souffle, le corps et l'esprit. Il permet aussi de prendre conscience de sa respiration, tout en aidant à évacuer le stress. Vous trouverez ci-dessous quelques postures adaptées aux enfants.

Le chien tête en bas

- Mettez-vous à quatre pattes sur le tapis, les genoux sous les hanches et les mains sous les épaules. Écartez vos doigts.
- En expirant, poussez sur vos mains, levez vos genoux et poussez sur vos fesses doucement vers le ciel.
- Gardez votre tête entre vos bras et regardez vers vos pieds.
- Respirez calmement. Restez dans cette position aussi longtemps que vous le souhaitez.

Bilan de l'exercice en famille : ....

....

Le lotus

- Asseyez-vous par terre, les jambes allongées devant vous tout en gardant le dos droit.
- Pliez votre jambe droite et posez votre pied droit sur votre cuisse gauche. Puis pliez votre jambe gauche et posez votre pied gauche sur la cuisse droite.
- Posez vos mains sur vos genoux, tournées vers le ciel, puis formez deux petits cercles en joignant les pouces et les index.
- Fermez les yeux et respirez calmement.
- Restez dans cette position aussi longtemps que vous le souhaitez.
- Vous pouvez recommencer en inversant la position des jambes.

Bilan de l'exercice en famille : ....

....

....

La chandelle

- Allongez-vous sur le dos, les jambes bien droites et les bras tendus le long du corps.
- Ramenez vos genoux vers votre poitrine.
- Soulevez votre bassin en vous aidant de vos mains. Gardez les coudes posés au sol.
- Dépliez vos jambes vers le haut, pointes de pieds tendues.
- Regardez vers le ciel sans tourner la tête. Respirez calmement.
- Restez dans cette position aussi longtemps que vous le souhaitez.
- Pour sortir de la position, pliez à nouveau les jambes puis déroulez votre colonne tout doucement en gardant bien la tête posée au sol.

Bilan de l'exercice en famille : ....
....
....
....

La demi-torsion assise

- Asseyez-vous par terre, les jambes allongées devant vous tout en gardant le dos droit.
- Pliez vos genoux en gardant vos pieds à plat sur le sol.
- Repliez la jambe gauche et allez poser votre pied gauche derrière le genou droit.
- Laissez votre jambe droite se replier doucement sur le sol.
- Posez la main gauche au sol, derrière vous, et la main droite sur votre genou gauche.
- Respirez doucement. À chaque respiration, tournez (calmement et sans forcer) la tête et les épaules vers la gauche, comme si vous vouliez regarder derrière vous.
- Sortez de la posture en douceur, puis répétez-la en plaçant cette fois la jambe droite par-dessus la gauche.

Bilan de l'exercice en famille : ....
....
....

La table, le chien & le chat

- Placez-vous à quatre pattes, mains bien à plat sous les épaules et genoux sous les hanches.
- Prenez d'abord la posture de la table : bras et cuisses bien droits, dos est bien plat.
- Puis à l'expiration, faites le dos rond et ramenez votre menton vers la poitrine en baissant la tête : c'est la posture du chat.
- À l'inspiration, remontez la tête et les fesses puis creusez le dos : c'est la posture du chien.
- Vous pouvez répéter cet enchaînement de posture autant de fois que vous le souhaitez.

Bilan de l'exercice en famille : ....
....
....
....
....
....

L'arbre

- Debout bien droits, les pieds ancrés au sol et les bras le long du corps, fixez un point devant vous.
- Choisissez une jambe d'appui puis soulevez le pied de la jambe opposée et faites-le glisser le long de votre jambe d'appui, aussi haut que possible.
- Trouvez votre équilibre puis joignez vos mains en prière devant la poitrine. Vous pouvez aussi les placer au-dessus de votre tête.
- Respirez calmement.
- Sortez tranquillement de la posture puis recommencez avec l'autre jambe.

Bilan de l'exercice en famille : ....
....
....
....

Le danseur

- Debout bien droits, pieds ancrés au sol et bras le long du corps, fixez un point devant vous.
- Soulevez le pied gauche et ramenez le talon vers la fesse. Avec votre main gauche, saisissez votre pied ou votre cheville.
- Levez-le doucement vers le haut en étirant votre jambe et votre bras.
- Pour garder l'équilibre, vous pouvez tendre votre bras droit vers l'avant.
- Respirez calmement.
- Sortez de la posture en douceur, puis reproduisez-la de l'autre côté.

Bilan de l'exercice en famille : ....

....

....

Le guerrier

- Debouts, écartez vos jambes, pointes de pieds parallèles, puis fixez un point devant vous.
- Étendez vos bras de chaque côté, paumes vers le sol.
- Faites pivoter légèrement votre pied droit vers la droite puis pliez votre genou droit jusqu'à ce qu'il se trouve au-dessus de votre pied.
- Votre jambe gauche reste bien droite, avec le pied bien à plat. Le haut de votre corps reste lui aussi bien droit.
- Tournez la tête vers la droite et regardez au loin.
- Respirez calmement.
- Sortez tranquillement de la posture puis recommencez avec l'autre jambe.

Bilan de l'exercice en famille : ....

....

Les activités magiques en nature

En dehors de notre lieu de vie, la nature est l'endroit idéal pour pratiquer la magie. En étant à l'écoute de ce qui nous entoure, chaque balade peut devenir un acte magique en soi et les enfants y sont particulièrement sensibles. Vous trouverez ci-dessous quelques idées d'activités magiques à partager avec vos enfants.

Coloriage autour des 4 éléments

Pour familiariser vos enfants avec les éléments de la nature, vous pouvez leur faire colorier l'illustration suivante. Elle pourra servir à décorer votre autel.

Activités autour des 4 éléments

EAU

En magie, l'Eau représente les émotions, l'empathie, la purification, l'intuition et le lâcher-prise.

- Lorsque vous vous baignez en rivière ou en mer (ou que vous mettez les pieds dans l'eau si la météo ne permet pas une baignade), fermez les yeux et prenez le temps de sentir l'eau circuler sur votre peau. Imaginez que vous êtes un poisson, une plante aquatique en mouvement ou bien une pierre ou un coquillage immobile.
- Les jours de pluie, plutôt que d'« éviter les gouttes », restez un moment dehors à sentir l'eau tomber du ciel et ruisseler sur vous. Vous pouvez imaginer que cette eau, indispensable aux plantes et aux animaux, poursuit son chemin sous la terre. Et si vous en avez envie, amusez-vous à sauter dans les flaques !

Nos activités autour de l'élément Eau :

- ....
- ....
- ....
- ....
- ....
- ....

TERRE

En magie, l'élément Terre représente l'abondance, la stabilité, la renaissance, l'équilibre, la guérison et la protection.

- Lors de vos promenades, ramassez des plantes pour réaliser un herbier, un bouquet ou mangez quelques fruits. Lors de la récolte, remerciez la terre et les plantes de vous offrir de si beaux et bons cadeaux.
- Accompagnez vos enfants pour créer un petit jardin sorcier. Demandez-leur de choisir un petit bout de terrain, un bac ou un pot dont ils auront la responsabilité. Ils planteront ainsi leurs propres graines et prendront eux-mêmes soin de leurs plantes. Ils pourront aussi, s'ils le souhaitent, les récolter.

Précautions de récolte

Faites attention à ne pas sortir de terre les racines, vérifiez la non-toxicité de la plante, si c'est le bon moment pour la récolter et si le lieu dans lequel vous vous trouvez n'est pas un espace protégé.

Nos activités autour de l'élément Terre :

- ....
- ....
- ....
- ....
- ....
- ....
- ....
- ....

AIR

En magie, l'élément Air représente l'intellect, la communication, la logique, la raison et la concentration. L'Air est le seul élément que nous ne pouvons pas voir, mais nous pouvons le sentir, visualiser sa présence et son intensité grâce aux mouvements du vent.

- Placez de petites éoliennes ou guirlandes de tissu dans votre jardin ou sur votre fenêtre.
- Faites du cerf-volant : c'est l'activité ludique qui permet le mieux de ressentir la force et les mouvements du vent.
- Le soir, lorsque la nuit est tombée et que les nuages sont absents, prenez le temps de vous allonger dehors et d'observer les étoiles et la lune. Il existe de nombreux livres ou applications mobiles qui peuvent vous permettre de repérer les constellations. Et avec un peu de chance, vous pourrez voir quelques étoiles filantes et formuler des vœux !

Nos activités autour de l'élément Air :

- ....
- ....
- ....
- ....
- ....
- ....
- ....
- ....

FEU

En magie, l'élément Feu représente la créativité, la passion, la confiance en soi, la vitalité et la purification. On en a tous conscience : jouer avec le feu peut s'avérer dangereux. Mais la peur ne doit pas empêcher de profiter pleinement de cet élément.

- Accompagnez vos enfants dans l'allumage d'un feu dans un barbecue, une cheminée ou directement sur le sol. Pour ce dernier, choisissez soigneusement le lieu, sans éléments inflammables à proximité et protégez le foyer du feu en l'entourant de pierres. Gardez un seau d'eau à portée de main.
- Réalisez un feu de camp… sans feu ! Créez un cercle à l'aide de pierres ou tout autre objet de votre choix. À l'intérieur, disposez quelques branches ou brindilles de bois. Enfin, par-dessus, placez de petites lumières solaires ou à piles. Cela fonctionne aussi bien en intérieur qu'en extérieur et ne nécessite pas l'aide d'un adulte.

Nos activités autour de l'élément Feu :

- ....
- ....
- ....
- ....
- ....
- ....
- ....
- ....

Mandala en nature

Le mandala (« cercle » en sanskrit) est une œuvre sphérique que l'on trouve depuis toujours dans toutes les pratiques spirituelles. Il est reconnu, entre autres qualités, pour son pouvoir protecteur ainsi que pour favoriser la concentration, réduire le stress, se recentrer sur soi et libérer sa créativité.

Dans la nature, ramassez divers éléments (fleurs, feuilles, bois, pierres, coquillages…). Essayez d'en avoir plusieurs sensiblement identiques afin d'harmoniser votre mandala.

- Choisissez l'endroit où vous réaliserez votre mandala en évitant les chemins trop passants.
- Débutez votre œuvre par le centre, qui représente le point de départ. Puis étendez-la au gré de vos envies et de votre créativité, tout en respectant une certaine symétrie. Enfin, fermez votre œuvre en réalisant un cercle.

Notre mandala :

LES ENSEIGNEMENTS DU MANDALA

La création et la destruction d'un mandala éphémère sont riches en enseignement. Le centre représente le début de toute chose, les motifs géométriques et cercles symbolisent le monde qui nous entoure et le cycle de la vie. Accepter de le détruire ou de le laisser à la merci des passages et des intempéries est tout aussi important : cela permet d'appréhender les aspects éphémères et changeants des cycles, et enfin d'accepter que toute chose à une fin.

Abri pour les esprits

Dans de nombreuses traditions magiques, les esprits de la nature sont honorés. Nous ne les voyons pas, mais les enfants sont très sensibles à cette symbolique. Quel que soit le lieu ou la saison, vous pouvez construire de petits abris afin de matérialiser ces croyances.

- Munissez-vous de ficelle en matière naturelle (lin, coton).
- Ramassez divers éléments dans la nature.
- Construisez une petite maison à l'aide des éléments trouvés et de la ficelle. Vous pouvez également réaliser un enclos afin de représenter un jardin. Laissez libre cours à votre créativité.
- Pendant votre création, imaginez le type d'esprits qui pourrait venir s'installer ici (fées, elfes).
- Vous pouvez également déposer quelques offrandes sous forme de nourriture, de petits éléments trouvés dans la nature ou de dessins (sur papier non plastifié !).

Notre abri pour les esprits

Photo ou dessin de votre création

Laissé sur place, cet abri servira également aux insectes et autres animaux de la faune locale.

Activités autour des pierres

Quel que soit le lieu dans lequel nous nous baladons, nous aimons (enfants comme adultes) ramasser des cailloux. Ils attirent notre regard par leur spécificité, leur esthétique ou parce que nous sommes tout naturellement attirés par eux. Voici quelques idées d'activités autour des pierres.

LE TALISMAN

Sur une pierre que vous garderez sur vous ou déposerez dans votre maison, inscrivez au marqueur indélébile un mot ou une phrase, un symbole magique ou un dessin personnel. Et déposez-y votre intention.

LE JEU DE RUNES

Vous pouvez réaliser votre jeu de runes, soit en utilisant un alphabet existant (le plus courant est le Futhark), soit en créant votre propre alphabet symbolique (lettres ou autres signes graphiques). Pour cela, ramassez 26 pierres sensiblement identiques et inscrivez sur chacune d'elles une lettre de l'alphabet choisi. Rangez le tout dans un pot ou un sachet.

À LA QUÊTE DE PIERRES DE LITHOTHÉRAPIE

Nos régions sont riches de cristaux magiques. En France, il possible de trouver de la tourmaline, du quartz, de l'agate, de l'aventurine, de la calcédoine, du cristal de roche, de la fluorine, de l'hématite, du sélénite, de la rose des sables... Avant de partir à l'aventure avec vos enfants, renseignez-vous sur les mines ouvertes au public.

Nos activités autour des pierres :

- ....
- ....
- ....
- ....
- ....
- ....
- ....
- ....
- ....
- ....
- ....
- ....
- ....
- ....
- ....

Précautions

Ne ramassez pas de pierres en grandes quantités, car elles sont plus utiles à la nature qu'à nous-mêmes. À noter également que la réalisation de cairns (monticules de pierres), même laissés sur place, déstabilisent l'écosystème et peut être interdite dans certains espaces naturels protégés.

- ....
- ....
- ....
- ....

Notre foyer magique

Notre logement est notre lieu principal de pratique magique. Nous y rechargeons nos énergies et nous protégeons de l'extérieur. De plus, lorsque nous élevons des enfants, il devient un haut lieu de transmission. Chaque pièce intérieure et chaque parcelle d'espace extérieur jouent un rôle important dans notre vie quotidienne (conjugale, familiale, sociale et sorcière). Prendre conscience de cela et agir sur l'harmonisation de notre foyer, afin qu'il nous corresponde, est un acte magique en soi.

La cuisine sorcière

La cuisine est au cœur du foyer et est un lieu où nous passons beaucoup de temps, qui plus est lorsque nous sommes parents. Intégrer sa pratique magique en cuisine permet d'étendre son temps de pratique et de faire profiter sa famille et ses invités de ses bienfaits.

Les bases de la magie des fourneaux

Voici quelques principes simples en cuisine sorcière :

- méditez sur ce que vous voulez infuser dans votre repas, sur les qualités magiques que vous souhaitez lui conférer. Lors de la préparation, énoncez vos intentions et volontés.
- Préparez votre espace de cuisine et vos ingrédients de la même manière qu'un rituel.
- Choisissez vos ingrédients avec soin, en privilégiant la qualité. Prenez conscience que nous pouvons faire bien avec peu (la simplicité du quotidien redonne une magie toute particulière aux repas de fête).
- Remerciez les aliments qui vous permettent de cuisiner votre repas ainsi que les personnes qui ont œuvré pour qu'ils arrivent jusque dans votre cuisine.
- Vous pouvez dessiner des symboles magiques sur vos préparations.
- Laissez la part belle aux céréales et aux végétaux, en privilégiant les aliments locaux et de saison. Si vous souhaitez cuisiner de la viande ou du poisson, interrogez-vous sur leur provenance.

Mes pratiques de cuisine sorcière :

- ....
- ....
- ....
- ....
- ....
- ....

LA PROVENANCE DES ALIMENTS

Il est question bien évidemment d'écologie et d'éthique, mais aussi d'énergie. En effet, chaque saison nous apporte son lot de végétaux répondant aux besoins naturels du corps humain. Par ailleurs, la souffrance animale due à l'élevage intensif diminue considérablement le taux vibratoire des aliments qui en résultent.

Voici quelques exemples de plantes et épices à utiliser en cuisine sorcière classés selon leurs pouvoirs :

Amour (de soi et des autres)	Aneth, angélique, citron, coriandre, framboise, pomme, thym
Chance	Cannelle, baie de genévrier, laurier, olive, origan, sarriette, sauge
Concentration	Céleri, menthe, romarin
Courage et force	Ail, aneth, coriandre, baie de genévrier, laurier, ortie, poivre
Harmonie et équilibre (corps et esprit)	Cannelle, coriandre, eucalyptus, mélisse, orange, pensée, pomme, thym
Protection	Ail, basilic, céleri, fraises, framboise, baie de genévrier, mélisse, menthe, noix, olive, origan, ortie, pignon de pin, romarin, rose, sarriette, sauge
Purification	Basilic, céleri, citron, laurier, menthe, pignon de pin, romarin, sauge, thym

Mes ingrédients magiques et leurs pouvoirs :

- ....
- ....
- ....
- ....
- ....
- ....
- ....
- ....
- ....
- ....
- ....
- ....
- ....
- ....
- ....
- ....

LE CHOIX DES PROPRIÉTÉS MAGIQUES

Les propriétés magiques d'un plat ne peuvent être multiples. Il est donc important de choisir une seule intention par préparation. Même si un ingrédient peut être classifié au sein de plusieurs catégories de pouvoirs, concentrez-vous sur votre souhait initial.

Soupe magique

La soupe est un plat particulièrement adapté à la cuisine sorcière car toutes les variations y sont possibles. N'hésitez pas à faire participer les enfants aux choix des ingrédients et à certaines étapes de sa conception.

Ingrédients
- 500 g à 1 kg de légumes de votre choix
- 2 oignons
- 4 cuillerées à soupe d'huile végétale
- Les ingrédients magiques de votre choix (épices et plantes)

- Lavez, épluchez et coupez en morceaux les légumes et les oignons.
- À feu doux, faites revenir le tout dans l'huile.
- Recouvrez les ingrédients avec de l'eau et laissez mijoter à feu moyen.
- Ajoutez vos ingrédients magiques : les épices (4 à 6 pincées en tout) et/ou les plantes (en branche, en feuilles ou pillées selon leur nature et vos goûts).
- Énoncez votre intention et la propriété magique que vous conférez à votre soupe à l'aide, par exemple, d'une formule comme celle-ci : « En cuisinant cette soupe, je souhaite qu'elle apporte *propriété magique* à *nom(s) de(s) personne(s)* lors de notre repas. »
- Lorsque les légumes sont cuits à cœur, mixez le tout.

Pain magique

Le pain joue un rôle hautement symbolique dans les cultures, coutumes et traditions du monde entier. Il est, entre autres, synonyme de vie et de bonheur. Faites participer les enfants aux choix des ingrédients et de sa conception (le pétrissage sera tout particulièrement apprécié !).

Ingrédients
- 350 g de farine
- 10 cl d'eau tiède
- 1 cuillerée à soupe d'huile végétale
- 1 cuillerée à soupe de sucre non raffiné
- 1,5 cuillerée à café de sel non raffiné
- 1 sachet de levure boulangère
- Vos ingrédients magiques (fruits, plantes, épices)

- Mélangez les ingrédients à l'exception des ingrédients magiques.
- Pétrissez à la main pendant 5 minutes. Si nécessaire, ajoutez de l'eau ou de la farine afin que la pâte soit bien homogène.
- Ajoutez les ingrédients magiques (adaptez leurs quantités en fonction de leur nature et de vos goûts). Puis pétrissez de nouveau 5 minutes.
- Avec la pâte, formez un boudin et incisez le dessus (ou dessinez à l'aide de la pointe d'un couteau un symbole magique).
- Laissez reposer 30 minutes.
- Préchauffez le four à 200 °C (th. 6-7) et enfournez environ 25 minutes.

Nos recettes magiques

Titre : ....

Ingrédients :

- ....
- ....
- ....
- ....
- ....
- ....
- ....
- ....
- ....
- ....
- ....

Préparation :

....
....
....
....
....
....
....
....
....
....
....

Titre : ....

Ingrédients :

- ....
- ....
- ....
- ....
- ....
- ....
- ....
- ....

Préparation :

....
....
....
....
....
....
....
....
....
....
....

Le ménage sorcier

Pour la plupart d'entre nous, faire le ménage semble en premier lieu être une corvée, mais si nous y intégrons la dimension « magique » cela devient un rituel en soi. Il est en effet primordial de prendre soin de notre « intérieur » afin d'évacuer les énergies dont nous ne souhaitons pas la présence et d'y attirer celles qui nous sont favorables.

Poser ses intentions

Lorsque vous effectuez vos tâches ménagères, vous pouvez formuler la phrase : « Par cette action, je nettoie et purifie cette pièce des énergies qui ne lui sont pas utiles. »
Lorsque vous rangez ou triez, vous pouvez formuler la phrase : « Par cette action, j'harmonise cet espace et laisse circuler les énergies qui lui sont utiles. »
Lorsque vous fermez les ouvertures de votre lieu de vie, vous pouvez formuler la phrase : « Par cette action, je protège mon espace et ne souhaite voir pénétrer que les énergies qui nous sont favorables. »

Les plantes

LA FUMÉE DES PLANTES

L'usage de la fumigation de plantes séchées (bâtons de fumigation ou encens) permet de purifier, nettoyer et harmoniser notre intérieur.

Comment procéder ? Ouvrez une fenêtre afin d'aérer la pièce. Allumez votre bâton de fumigation ou votre encens avec précaution puis faites le tour de la pièce en faisant circuler la fumée dans tous les coins. Vous pouvez déposer votre intention en formulant la phrase : « Par cette action, je chasse les énergies qui ne nous sont pas utiles et j'harmonise notre maison. »

Précautions

Ne pratiquez pas la fumigation en présence de femmes enceintes, d'enfants, de personnes ayant des problèmes respiratoires ou d'animaux de compagnie. Ceux-ci pourront réinvestir la pièce après 30 minutes.

LES EAUX DE PLANTES

L'utilisation de l'eau de plante (ou hydrolat) en spray permet de purifier, nettoyer et harmoniser efficacement sans utiliser le principe de fumigation.

Comment procéder ? Faites le tour de la pièce en vaporisant l'eau de plantes dans tous les coins. Vous pouvez déposer votre intention en formulant la phrase : « Par cette action, je chasse les énergies qui ne nous sont pas utiles et j'harmonise notre maison. » Cette méthode peut être réalisée par des enfants.

LES PLANTES SÉCHÉES

Vous pouvez placer des plantes séchées purificatrices et protectrices dans toutes les pièces de votre maison. Ce procédé est particulièrement adapté aux chambres d'enfants. Cela peut-être sous forme de bouquet, dans des pots ouverts ou dans des sachets en matière naturelle (lin, coton). En les déposant, déclarez votre intention quant à leurs rôles. Voici un tableau récapitulatif des principales plantes sorcières de protection et de purification.

Plantes de protection	Achillée millefeuille, basilic vert, eucalyptus, lavande, lierre, menthe poivrée, pin, romarin, sauge officinale
Plantes de purification	Basilic vert, eucalyptus, laurier sauce, lavande, menthe poivrée, pin, romarin, sauge officinale, thym, verveine citronnelle

Bâton de fumigation

Le bâton de fumigation est composé de plantes non toxiques. Allumez l'extrémité du bâton et éteignez la flamme en soufflant dessus. Gardez le sous surveillance jusqu'à la fin de la combustion.

Ingrédients
- 1 botte de plantes fraîches
- 1 fil en matière naturelle de 1 m environ

- Préparez un fagot avec l'ensemble des plantes et ligotez-le entièrement à l'aide du fil.
- Suspendez le fagot durant deux semaines afin qu'il sèche.
- Une fois les plantes parfaitement sèches, dénouez et renouez entièrement le fil afin de resserrer le fagot. Votre bâton de fumigation est prêt !

Nos recettes : ....
....
....
....
....

Les pierres

Afin de protéger, purifier et harmoniser votre intérieur, vous pouvez déposer des cristaux dans chaque pièce de la maison.

Voici quelques cristaux pour la protection et la purification de la maison qui peuvent être acquis auprès de mines françaises : améthyste, quartz rose, quartz fumé, tourmaline, cristal de roche, sélénite.

Comment procéder ? Choisissez en conscience les cristaux en fonction de leurs propriétés et de leur provenance. En les déposant, énoncez votre intention quant à leurs rôles.

Le sel

Le sel est un puissant outil magique de purification et de protection. Privilégiez les sels naturels (non raffinés et non blanchis).

Comment procéder ? Dans tous les coins des pièces de la maison, déposez de petits récipients remplis de sel. Vous pouvez également déposer une ligne de sel devant la porte d'entrée et les rebords de fenêtre. Renouvelez régulièrement le sel, en fonction de vos ressentis, et jetez le sel usagé (de préférence dans les toilettes).

Nos pratiques de protection et de purification

- ....
....
....
....
....

- ....
....
....
....
....

- ....
....
....
....
....

- ....
....
....
....
....

Notre ménage sorcier

Dates	Pièces	Plantes & propriétés	Pierres & propriétés	Sels	Observations

Notre jardin sorcier

Jardiner procure une réelle reconnexion à la Terre et les plantes sont des alliées indispensables en magie. Cultiver ses propres plantes sorcières, en prendre soin de la graine à la récolte ne peut les rendre que plus puissantes lors de leurs utilisations. De plus, c'est une activité particulièrement appréciée par les enfants.

L'emplacement du jardin sorcier

Si vous avez un terrain, c'est une chance, mais il n'est pas nécessaire d'avoir un grand espace pour cultiver : un balcon, un rebord de fenêtre ou même un petit espace en intérieur suffisent.

Si l'espace manque, choisissez prioritairement les plantes avec lesquelles vous avez le plus d'affinités.

Notre jardin sorcier : ....

....

....

Jardiner avec la lune

Pour augmenter l'efficacité de vos travaux de jardinage et amplifier les pouvoirs magiques de vos plantes, vous pouvez suivre le cycle lunaire. Voici les grands principes concernant les plantes sorcières :

À la lune croissante, vous pouvez :

- planter les graines de plantes vivaces et bisannuelles ;
- rempoter les boutures ;
- nettoyer et tailler les plantes dont vous voulez stimuler la croissance ;
- cueillir les plantes que vous souhaitez consommer immédiatement.

À la lune décroissante, vous pouvez :

- planter des graines de plantes annuelles ;
- gratter la terre et mettre du compost ;
- cueillir les plantes que vous souhaitez faire sécher.

Mise en garde

Dans certaines pratiques sorcières, les plantes toxiques sont utilisées. Il est cependant prudent d'éviter d'en cultiver lorsqu'il y a des enfants au sein du foyer.

Notre jardinage lunaire : ....

....

....

Voici quelques plantes communément utilisées en magie, simples à cultiver en extérieur comme en intérieur et adaptées aux enfants :

Espèce	Période de semis	Période de récolte	Exposition / Terre / Entretien	Exemples d'usages magiques
☐ **Basilic vert** Annuelle	Février en intérieur Mi-mai en extérieur	De mai à octobre	• Exposition ensoleillée • Terre légère et bien drainée • Arrosage régulier	• Apaisement • Chance • Protection • Purification
☐ **Laurier-sauce** Vivace	Printemps ou automne	Toute l'année	• Exposition ensoleillée • Terre riche et fraîche • Arrosage régulier en croissance, puis quand la terre est sèche	• Guérison • Intuition • Purification
☐ **Lavande** Vivace	Printemps	Été	• Exposition ensoleillée • Tout type de sol • Arrosage régulier en croissance, puis non nécessaire en terre. En pot, arroser quand la terre est sèche.	• Abondance • Divination • Protection • Purification
☐ **Menthe poivrée** Vivace	Début du printemps	De mai à septembre	• Exposition ensoleillée ou mi-ombre • Tout type de sol • Arrosage régulier en croissance, puis non nécessaire en terre. En pot, arroser quand la terre est sèche.	• Concentration • Éveil spirituel • Protection • Purification
☐ **Romarin** Vivace	Printemps ou automne	Toute l'année	• Exposition ensoleillée • Terre calcaire et drainée • Arrosage régulier en croissance, puis non nécessaire en terre. En pot, arroser quand la terre est sèche.	• Paix • Protection • Purification • Voyance
☐ **Sauge officinale** Vivace	Printemps ou automne	Toute l'année	• Exposition ensoleillée ou mi-ombre • Terre sèche • Arrosage régulier en croissance, puis non nécessaire en terre. En pot, arroser quand la terre est sèche.	• Méditation • Purification • Protection • Renfort de rituels
☐ **Thym** Vivace	Printemps	Toute l'année	• Exposition ensoleillée • Terre calcaire et drainée • Arrosage régulier en croissance, puis non nécessaire en terre. En pot, arroser quand la terre est sèche.	• Amour • Communication • Harmonie • Purification
☐ **Verveine citronnelle** Vivace	Printemps	De mai à octobre	• Exposition ensoleillée • Terre légère et bien drainée • Arrosage régulier en croissance, puis non nécessaire en terre. En pot, arroser quand la terre est sèche.	• Créativité • Joie • Méditation • Purification

Notre jardin sorcier

Espèce	Date semis	Date récolte	Observations	Utilisations magiques
•				
•				
•				
•				
•				
•				
•				

Notre herbier familial

La conception de l'herbier est une pratique sorcière courante. Il permet de garder trace de nos cultures (et de nos cueillettes sauvages). On peut y inscrire le nom des espèces, les lieux et dates de récoltes. Mais également leurs propriétés, leurs usages magiques et tout autre observation permettant de développer notre pratique magique.

- Cueillez une branche de chaque espèce.
- Une par une, encore fraîches, disposez-les bien à plat entre 2 feuilles de papier.
- Glissez le tout entre les pages d'un épais livre durant 2 à 3 semaines.
- Pour chaque plante, réalisez une page comme celle-ci :

Précautions

Afin de ne pas abîmer les plantes, évitez le ruban adhésif et préférez les bandes de papier autocollant ou de petites pointes de colle.

Espèce : ....

Lieu de récolte : ....

Date : ....

Observations

....

....

....

....

....

....

Utilisations magiques

....

....

....

....

....

....

Collez votre plante séchée ici.

L'autrice

Flora Denis est maman de trois enfants. Passionnée par les plantes médicinales, elle étudie depuis plusieurs années leurs bienfaits sur le plan psychique et physique. Elle a fondé Flos & Luna, une marque qui propose des créations artisanales pour accompagner les travaux de développement personnel et spirituel, avec sa sœur, Marine Nina Denis.

Chez le même éditeur :

- *Rituels et bâtons de fumigation*,
- *Le grand livre du DIY de sorcière*, co-écrit avec Marine Nina Denis,
- *Remèdes & potions de sorcière*, co-écrit avec Marine Nina Denis,
- *Traité des usages & savoirs de sorcière*, ouvrage collectif,
- *L'agenda des usages et savoirs de sorcière 2023*, ouvrage collectif.

Instagram : @flosetluna

DANS LA MÊME COLLECTION

À paraître en juin 2023 : ***Sorcière féministe ; Guérir son féminin.***

Crédits iconographiques :
Couverture : Unsplash. Illustrations : p. 11 : Marica Zottino ; p. 40 à 43 : Alexandra Alzieu ; p. 44 Shutterstock. Photographies : Shutterstock.

Direction : Guillaume Pô
Direction éditoriale : Élisabeth Pegeon
Édition : Chloé Herbin
Direction artistique : Julie Mathieu
Conception graphique : Mathilde Corbel
Mise en pages : Élise Bonhomme
Préparation de copie et correction : Annabelle Biau-Weber
Direction de fabrication : Thierry Dubus
Fabrication : Florence Bellot

Dépôt légal : mars 2023
ISBN : 978-2-3824-0130-9
Code éditeur : SR01309 (R23032)

www.secretdetoiles.com

Imprimé en février 2023 en Espagne chez Graphycems.

Cet ouvrage est imprimé grâce à des encres à base d'huile végétale, garantissant la démarche de développement durable de l'éditeur et de l'imprimeur. Il est composé de matériaux issus de forêts bien gérées certifiées FSC® (Forest Stewardship Council®) et d'autres sources contrôlées.

FSC www.fsc.org MIXTE Papier issu de sources responsables FSC® C007507